# Universidade Norte do Paraná



SISTEMA DE ENSINO PRESENCIAL CONECTADO
CURSO DE ESPECIALIZAÇÃO EM DESENVOLVIMENTO DE
APLICAÇÕES WEB BASEADAS NA TECNOLOGIA JAVA
RAPHAEL HENDRIGO DE SOUZA GONÇALVES

## DESENVOLVIMENTO DE UM SOFTWARE GESTOR DE INVENTÁRIO

Taubaté
2016

RAPHAEL HENDRIGO DE SOUZA GONÇALVES

# DESENVOLVIMENTO DE UM SOFTWARE GESTOR DE INVENTÁRIO

Trabalho de Conclusão de Curso apresentado à Universidade Norte do Paraná - UNOPAR, como requisito parcial para a obtenção do título de Especialização em Desenvolvimento de Aplicações Web Baseadas na Tecnologia Java.

Orientador: Prof. Luciane Koetz

Taubaté
2016

Dedico este trabalho à minha amada noiva Cleusa Pires Crispim por todo amor e dedicação ao nosso relacionamento.

**AGRADECIMENTOS**

À Professora Luciane Koetz, minha orientadora por todo o suporte durante a elaboração deste trabalho científico.

Se enxerguei mais longe, foi porque me
apoiei sobre os ombros de gigantes.
(Isaac Newton)

GONÇALVES, Raphael H. Souza. **Desenvolvimento de um software gestor de inventário**. 2016. 252 Páginas. Trabalho de Conclusão de Curso de especialização em desenvolvimento de aplicações WEB baseadas na tecnologia JAVA, Universidade Norte do Paraná, Taubaté, 2016.

# RESUMO


O processo de desenvolvimento de software consiste em várias fases. Para se desenvolver um software de qualidade e que atenda as expectativas do cliente, cada fase é importante nesse processo, que abrange o levantamento e a análise de requisitos, a documentação do processo de desenvolvimento, a implementação e implantação do sistema. Neste projeto, é apresentado o processo de desenvolvimento de um gerenciador inventário, incluindo a modelagem do problema por meio da Unified Modeling Language (UML), a modelagem e a implementação do banco de dados e a implementação do software.


**Palavras-chave:** Desenvolvimento de Software, JAVA, UML, Gestor de Inventário.

GONÇALVES, Raphael H. Souza. **Developing an inventory manager software**. 2016. 25 Páginas. Work Course Completion of specialization in developing web applications based on Java technology, Universidade Norte do Paraná, Taubaté, 2016.

# ABSTRACT


The software development process consists of several stages. To develop a quality software that meets customer expectations, every stage is important in this process, covering the collection and analysis of requirements, the development process documentation , implementation and system deployment. In this project, the process of developing an inventory manager is presented, including the modeling of the problem through the Unified Modeling Language (UML) modeling and implementation of the database and the implementation of software.


**Key-words:** Software Development, Java, UML, Inventory Management

# LISTA DE FIGURAS

**LISTA DE ABREVIATURAS E SIGLAS**

API ..........Interface de Programação de Aplicativos

HTML ......Linguagem de Marcação de Hipertexto

JVM  ........Java Virtual Machine

JSP  .........JavaServer Pages

SJSAS  ....Sun Java Systems Application Server

UML  ........Unified Modeling Language

WWW  .....World Wide Web

# 1 INTRODUÇÃO

Nos dias atuais, sistemas de informação são extremamente importantes em processos estratégicos das organizações. O fluxo de informações auxilia e melhora a eficiência das técnicas administrativas, em especial a Gestão do Conhecimento. O conhecimento é uma fonte sustentável de vantagem competitiva (SILVA, 2005).

Visando melhorar o tráfego de informações referentes a controle patrimonial ou de itens diversos de uma coleção, almoxarifado, ou qualquer coletividade; o tema-problema tratado na solução em software em que este relatório técnico se dedica pretende resolver problemas e aperfeiçoar a gestão sobre controle de itens diversos de um possível usuário.

Este relatório técnico tem como objetivo relatar as etapas de desenvolvimento de software do produto final, um software para gerenciamento inventário.

## 2 DESENVOLVIMENTO

O desenvolvimento de software tem muitos desafios. Questões sobre custo, certificações, prazos, qualidade, são abordadas há muito tempo, mas apenas recentemente é que elas alteraram a dinâmica do desenvolvimento. (MANSUR, 2007)

Um software muitas vezes não satisfaz os usuários, clientes, desenvolvedores e empresas. Existem vários estudos sobre falhas no desenvolvimento (construção, implantação e manutenção) de um software. Um software possui diversos fatores complexos em todo seu desenvolvimento, como pessoas envolvidas nas três fases do desenvolvimento citado pelo autor. São desenvolvedores, programadores, analistas e por fim, podem ser citados até mesmo os usuários, clientes e empresas durante o processo. (REZENDE, 2005)

Estes problemas não são somente de softwares que não funcionam, são problemas que por vezes tem uma relação ao modo como os sistemas são desenvolvidos, como são implantados, referindo-se aqui quando os sistemas vão substituir sistemas antigos e em operação, e mesmo em casos de um software totalmente novo, com a constante atualização de técnicas e procedimentos na área de TI em seus diversos ramos de atuação.

E independente da análise e planejamento de todos os passos do desenvolvimento, bem como sua constante atualização, depara-se sempre com a insatisfação do cliente sobre o software entregue. Muitas vezes os requisitos necessários e definidos pelo cliente não são inseridos no planejamento de uma forma clara. Em geral, a comunicação do cliente com a equipe de desenvolvimento é muito precária. (REZENDE, 2005).

### 2.1 DESCRIÇÃO DO SOFTWARE

### 2.1.1 Necessidade

Tratando-se do cerceamento de um tema-problema, define-se o software abordado como uma ferramenta para auxiliar a gestão de um inventário de itens, a modo de administrar um coletivo de objetos diversos.

## 2.2 TECNOLOGIA

### 2.2.1 Modelo de execução

Aplicação WEB.

A World Wide Web (WWW) se deu início na década de 90, quando os laboratórios da CERN na Suíça, passaram a distribuir documentos e gráficos através da rede mundial de computadores que começava a se popularizar, a Internet.

A WWW trouxe para a computação dois conceitos muito importantes:

•. Hyperlinks; e

•. Uma interface de usuário comum para todas as aplicações (LÖFBERG, M., MOLIN P 2005)

Para executar os recursos na forma de programas executáveis, foi criado a CGI (Common Gateway Interface), que permitiu um navegador Web executar os recursos disponíveis em um servidor Web. Isso levou os sites da Web para outro nível, comumente chamado de aplicações Web e tornou possível usar os recursos das linguagens de programação além da formatação realizada pela linguagem HTML, permitindo criar aplicações Web dinâmicas.

Antes de a Web tornar-se dinâmica, apenas páginas estáticas poderiam ser solicitadas a um servidor Web. O desenvolvimento da construção de páginas Web dinâmicas foi possível através de um software chamado servidor de aplicação. Quando o servidor Web recebe uma solicitação para uma página dinâmica, ele invoca esta página do servidor de aplicação, que lê o código na página e termina a página de acordo com as instruções do código. A página que é retornada do servidor de aplicação para o servidor Web é estática. Dessa forma, o servidor Web envia a página de volta para o navegador solicitante (LÖFBERG, M., MOLIN P 2005).

Um servidor de aplicação permite trabalhar com os recursos do servidor, como bancos de dados. Ele não se comunica diretamente com o banco de dados.

2.2.2 Plataforma de aplicação

Por definição, plataforma é "um ambiente de hardware ou software no qual um programa é executado" (FECCHIO, A. 2006). Java é uma plataforma apenas de software, sendo executada numa outra plataforma, composta de hardware e software (o sistema operacional, dependente do hardware onde é executado).

A plataforma Java é composta de duas partes:

• A JVM, responsável pela execução dos programas;

• A Java API, conjunto de classes responsáveis por prover os mais diversos recursos, como acessar bancos de dados

Os componentes web são executados no servidor (que pode ser um servidor Java EE ou simplesmente um container JSP).

Há dois tipos de componentes web:

• Java Servlets: classes que recebem uma requisição e a processam dinamicamente, gerando conteúdo HTML como saída;

• JSP: documentos texto plano, que são executados no servidor

Muitas vezes os desenvolvedores se deparam com um dos grandes problemas do desenvolvimento Java: a compatibilidade entre as ferramentas disponíveis no mercado. Este problema é ainda maior quando se trata de uma tecnologia nova, como o Java EE 5. Não pela tecnologia em si, mas pelo suporte que as ferramentas de desenvolvimento dão a ela (FECCHIO, A. 2006).

Como exemplo, é possível citar o servidor de aplicações. No início do desenvolvimento deste trabalho, apenas o GlassFish e o Sun Java System Application Server (SJSAS) tinham suporte completo à especificação Java EE 5 - e isto porque o SJSAS é baseado no GlassFish. Outros servidores são compatíveis apenas com alguns dos novos recursos da especificação. (FECCHIO, A. 2006)

## 2.3 DESENVOLVIMENTO DO SOFTWARE

### 2.3.1 Levantamento de requisitos

O início do processo de desenvolvimento é marcado por reuniões sobre o planejamento do sistema. Acontecem então as reuniões de levantamento de requisitos. Requisitos de um sistema são as descrições dos serviços que o sistema possuirá para resolver um determinado problema. Os requisitos são talvez o maior problema dentro do desenvolvimento de softwares. (SOMMERVILLE, 2007)

O levantamento de requisitos consiste em buscar informações sobre as necessidades do usuário e o que este deseja que o sistema realize. Isto é feito principalmente por meio de entrevistas. E devem ser realizadas tantas entrevistas quanto forem necessárias. (GUEDES, 2004)

Nas entrevistas os analistas devem procurar extrair todas as informações do usuário para poder melhor definir funções para o sistema. Se um software necessitar se amparar em sua documentação, no presente ou futuro, essa documentação serão os casos de uso. (MEDEIROS, 2004)

## 2.3.2 Diagrama de Caso de Uso

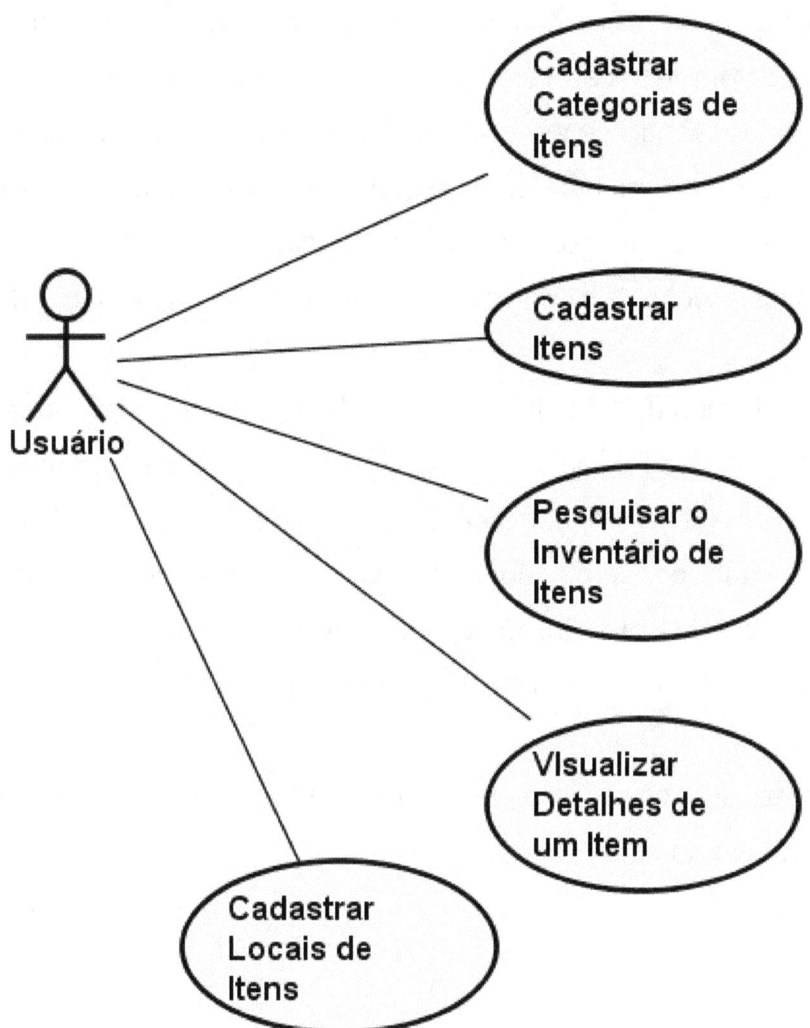


**Figura 1 - Diagrama de Caso de Uso**

## 2.3.3 Diagramas de Classe

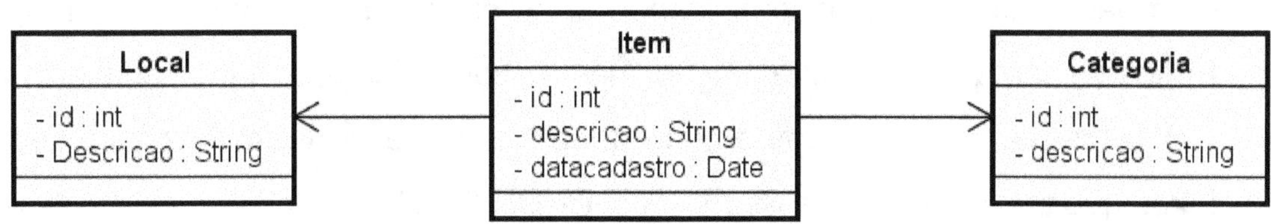


**Figura 2 - Diagrama de Classe**

2.3.4 Modelagem de dados.

Um projeto pode ser modelado utilizando diversas técnicas e ferramentas existentes. Existem técnicas estruturadas, essenciais ou baseadas em objetos. Modelar softwares baseando-se em objetos significa que serão organizados objetos para a estrutura e comportamento dos dados, diferente da forma estruturada convencional. Em Orientação a Objetos são consideradas pelo menos quatro aspectos: Identidade, Classificação, Polimorfismo e Herança. (RUMBAUGH, 1994 apud REZENDE,2005)

O desenvolvimento de software baseado em objetos refere-se à parte inicial do ciclo de vida (metodologia, processo ou roteiro) do sistema: análise, projeto e implementação. Seu cerne é a identificação e a organização do domínio da aplicação, em vez de sua representação definitiva em uma linguagem de programação baseada em objetos ou não. Essa forma de desenvolvimento é uma forma diferente de pensar e não uma técnica de programação. (REZENDE, 2005, p.190)

O processo de desenvolvimento então pode ser dividido em três fases: análise, projeto e implementação.

2.3.5 Análise

A análise é o processo onde ocorre o entendimento da causa-problema que se deseja eliminar com um software. Na análise, modela-se o sistema com conceitos do mundo real, adequando tais informações em uma forma para que possa ser entendido.

O modelo de análise permite escrever as especificações do sistema que serão trabalhadas no projeto, procurando uma forma de comunicação entre as partes. Busca-se então uma convenção nesta comunicação entre analista e projetista. Durante a análise, é importante ter todos os cuidados com itens ambíguos ou complexos que sejam desnecessários. (REZENDE, 2005, p. 190)

3.3.2 Projeto

No projeto, existem o detalhamento e a adição de detalhes, e neste o projetista irá: combinar os modelos analisados, obter funções das classes, criar algoritmos, otimizar o acesso aos dados, ajustar estrutura de classes visando aumento de herança, associações adequadas e representar os objetos.

Quando um projeto está completo em um dado nível de abstração, ele pode ser detalhado e podem ser acrescentadas novas funções, o que pode acontecer por explicitação das existentes identificando novas classes e revisando relacionamentos.

Um projeto pode ser dividido em projeto do projeto e projeto dos objetos. O projeto dos projetos é baseado na visão macro do projeto, enquanto o projeto dos objetos constrói um modelo de projeto baseado na análise, mas contendo detalhes da implementação. (REZENDE, 2005, p. 191)

2.3.6 Implementação

A implementação de um projeto baseado em objetos deve ser uma atividade ligada á linguagem de programação, que na verdade seria uma tradução de toda análise, classes e objetos. Decisões, análises são realizadas durante a fase de projeto, na implementação acontece somente a tradução das decisões planejadas. O código torna-se então a materialização final da solução. (REZENDE, 2005, p. 191)

### 2.3.7 Itens de destaque do código fonte

```
1    <%--
2        Document    : insertItem
3        Created on  : 29/11/2015, 22:28:09
4        Author      : USER
5    --%>
6    <%@page import="java.sql.*"%>
7    <%@page import="java.util.Enumeration"%>
8    <%
9        String descricao = request.getParameter("descricao");
10       String categoria = request.getParameter("categoria");
11       String local = request.getParameter("local");
12
13   Connection connection = null;
14   PreparedStatement pstatement = null;
15   Class.forName("com.mysql.jdbc.Driver").newInstance();
16   int updateQuery = 0;
17   if(descricao!=null && categoria!=null && local!=null ){
18       if(descricao!="" && categoria!="" && local!="") {
19           connection = DriverManager.getConnection("jdbc:mysql://localhost:3306/app","app","senhapadrao");
20           String queryString = "INSERT INTO app.itens (item,idcategoria,idlocal) VALUES (?,?,?);";
21           pstatement = connection.prepareStatement(queryString);
22           pstatement.setString(1, descricao);
23           pstatement.setString(2, categoria);
24           pstatement.setString(3, local);
25           updateQuery = pstatement.executeUpdate();
26       }
27   }
28   response.sendRedirect("./principal.jsp");
29   %>
```

**Figura 3 - Inserção de novo item do inventário no sistema**

```
52      <sql:setDataSource var="base" driver="com.mysql.jdbc.Driver"
53          url="jdbc:mysql://localhost/app"
54          user="app"  password="senhapadrao"/>
55
56  <sql:query dataSource="${base}" var="resultado">
57  SELECT i.id,item,categoria,local
58  FROM app.itens i
59      INNER JOIN app.categorias c ON i.idcategoria = c.id
60      INNER JOIN app.locais l ON i.idlocal = l.id
61      WHERE i.ativo = 0;
62  </sql:query>
63
64      <a href="novoItem.jsp">Novo Item</a><br/>
65  <table border="1" width="100%">
66  <tr>
67     <th>Número Item</th>
68     <th>Descrição</th>
69     <th>Tipo</th>
70     <th>Local</th>
71     <th></th>
72  </tr>
73  <c:forEach var="linha" items="${resultado.rows}">
74  <tr>
75     <td><c:out value="${linha.id}"/></td>
76     <td><c:out value="${linha.item}"/></td>
77     <td><c:out value="${linha.categoria}"/></td>
78     <td><c:out value="${linha.local}"/></td>
79     <td><a href="ItensEditar.jsp?id=<c:out value="${linha.id}"/>">Ed:
80  </tr>
81  </c:forEach>
82  </table>
```

**Figura 4 - Listagem principal de itens do inventário**

## 2.3.8 Telas do Software Desenvolvido

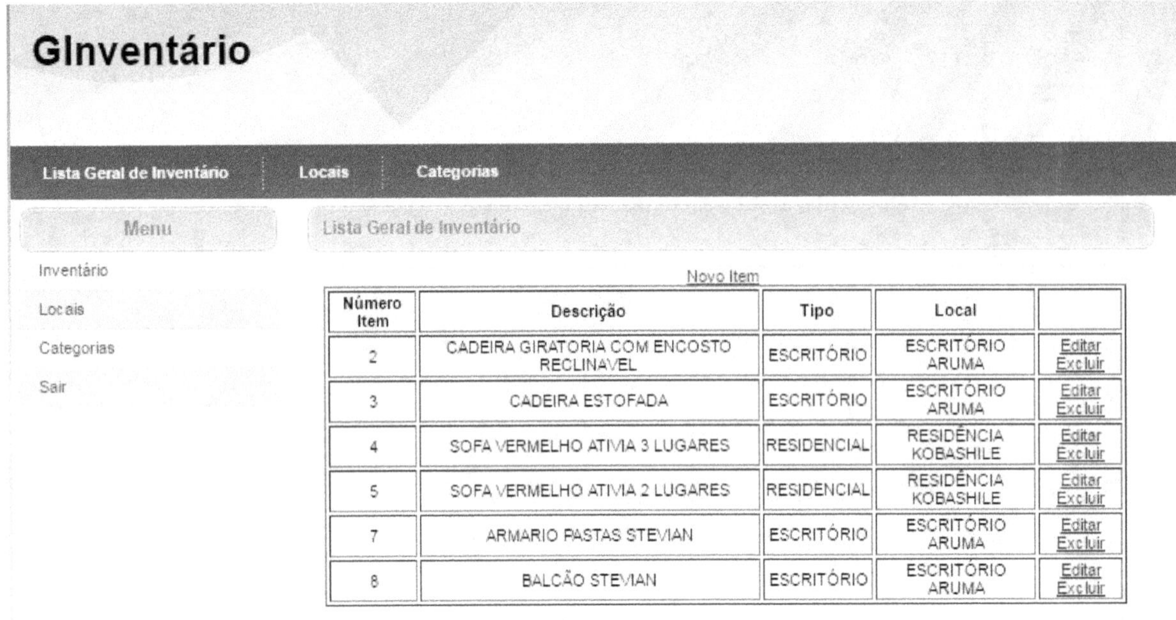

**Figura 5 - Lista principal de itens cadastrados**

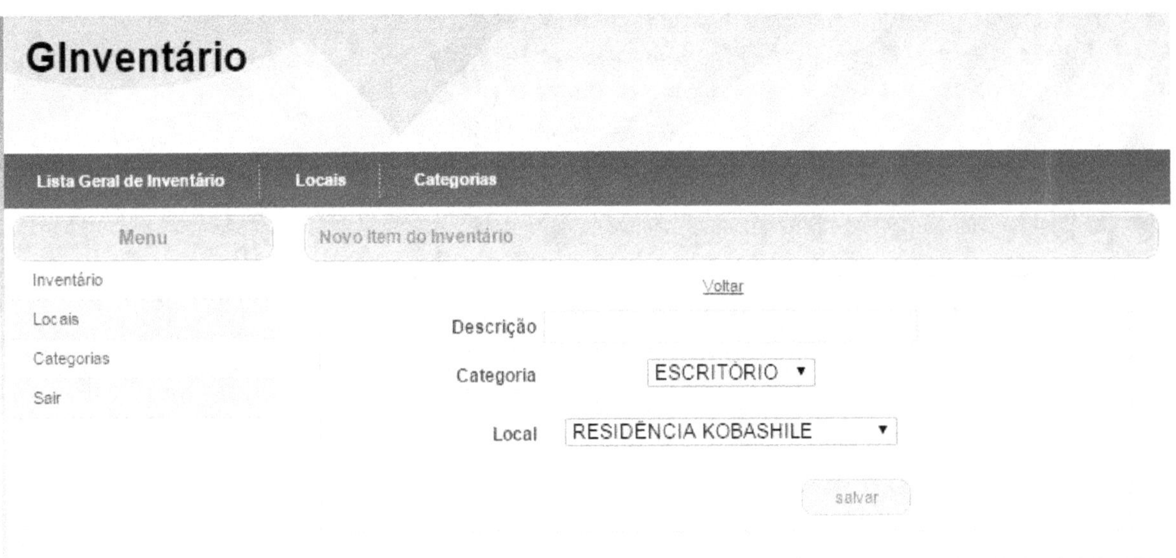

**Figura 6 - Formulário de cadastro**

## 2.4 CRONOGRAMA DE DESENVOLVIMENTO

| MONOGRAFIA | JUL | AGO | SET | OUT | NOV | DEZ |
|---|---|---|---|---|---|---|
| Introdução ao Trabalho | | | | | | |
| Redação da Monografia Com base no | | | | | | |

| | | | | | | |
|---|---|---|---|---|---|---|
| referencial teórico | | | | | | |
| Metodologia, caracterização e descrição de tecnologia | | | | | | |
| Levantamento de Requisitos | | | | | | |
| Entrega Parcial da Monografia | | | | | | |
| Diagramas | | | | | | |
| Desenvolvimento de Aplicação | | | | | | |
| Testes | | | | | | |
| Revisão Final | | | | | | |
| | | | | | | |

# 3 CONCLUSÃO

Durante todas as etapas do desenvolvimento deste projeto relatado, foram detectadas certas dificuldades, quanto a prazos, inexperiências, eventos fora do planejado; porém também encontrados fatores positivos referente a metodologia escolhida, bem como a linguagem de programação.

Diante dos objetivos iniciais atingidos e o tema problema solucionado, o desenvolvimento deste software atende, então, os requisitos colhidos no início do desenvolvimento.

# REFERÊNCIAS


SILVA, C. F. da; SILVA, L. F. **Tecnologia da informação e gestão do conhecimento**, 2005, Alínea Editora.

REZENDE, D. A. **Engenharia de Softwares e Sistemas de Informação**. 3ª ed. Rio de Janeiro: Brasport, 2005.

MANSUR, R. **Governança de TI: metodologias, frameworks e melhores práticas**. Rio de Janeiro: Brasport, 2007.

RUMBAUGH,1994 apud REZENDE, Denis Alcides. **Engenharia de Softwares e Sistemas de Informação**. 3ª ed. Rio de Janeiro: Brasport, 2005.

GUEDES, G. T.A. **UML Uma Abordagem Prática**. 2ª Ed. São Paulo: Novatec, 2004.

MEDEIROS, E. **Desenvolvendo Software com UML 2.0 Definitivo**. São Paulo: Makron Books, 2004.

RUMBAUGH,1994 apud REZENDE, Denis Alcides. **Engenharia de Softwares e Sistemas de Informação**. 3ª ed. Rio de Janeiro: Brasport, 2005.

LÖFBERG, M., MOLIN P., **Web vs. Standalone Application - A maintenance application for Business Intelligence**, School of Engineering Blekinge Institute of Technology. 2005, Disponível em < http://www.diva-portal.org/smash/get/diva2:828988/FULLTEXT01.pdf >. Acesso em: 08 abr. 2016.

FECCHIO, A. **JAVA EE 5: Desenvolvendo Aplicações Corporativas**. Universidade Tecnológica Federal do Paraná, Curitiba 2006